NAME _ _ _ _ _ _ _ _ _ _ _ _ _ _

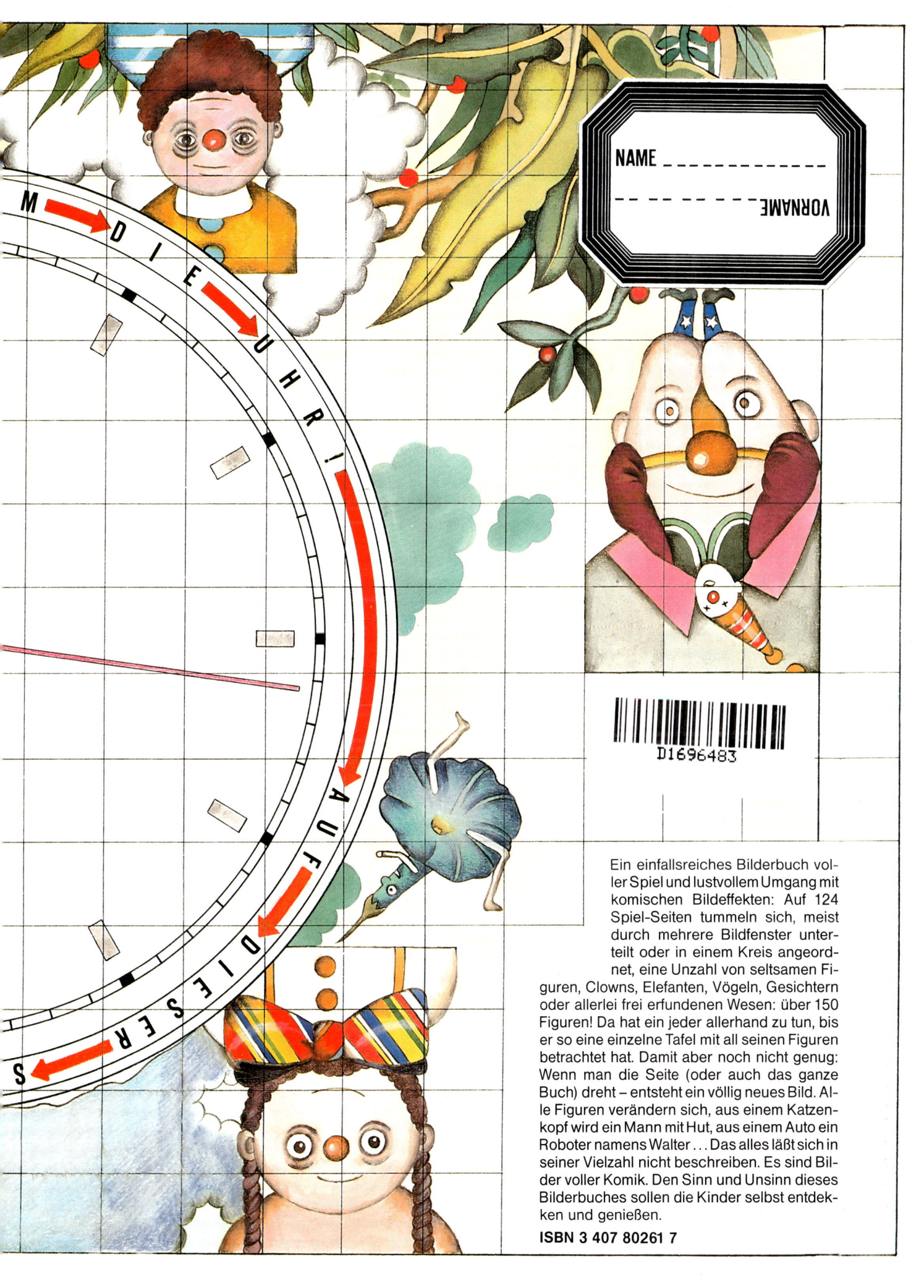

_ _ _ _ _ _ _ _ _ _ _ _ _ _ VORNAME

M → D → I → E → U → H → R → ! → A → U → F → D → I → E → S → E → R

Ein einfallsreiches Bilderbuch voller Spiel und lustvollem Umgang mit komischen Bildeffekten: Auf 124 Spiel-Seiten tummeln sich, meist durch mehrere Bildfenster unterteilt oder in einem Kreis angeordnet, eine Unzahl von seltsamen Figuren, Clowns, Elefanten, Vögeln, Gesichtern oder allerlei frei erfundenen Wesen: über 150 Figuren! Da hat ein jeder allerhand zu tun, bis er so eine einzelne Tafel mit all seinen Figuren betrachtet hat. Damit aber noch nicht genug: Wenn man die Seite (oder auch das ganze Buch) dreht – entsteht ein völlig neues Bild. Alle Figuren verändern sich, aus einem Katzenkopf wird ein Mann mit Hut, aus einem Auto ein Roboter namens Walter... Das alles läßt sich in seiner Vielzahl nicht beschreiben. Es sind Bilder voller Komik. Den Sinn und Unsinn dieses Bilderbuches sollen die Kinder selbst entdecken und genießen.

ISBN 3 407 80261 7

Für Dieter

XII.
―――――
1982

vom Buch,

Schmetterling und Hampelmaus
zogen in die Welt hinaus.

Schmetterling und Hampelmaus
ziehen in die Welt hinaus.

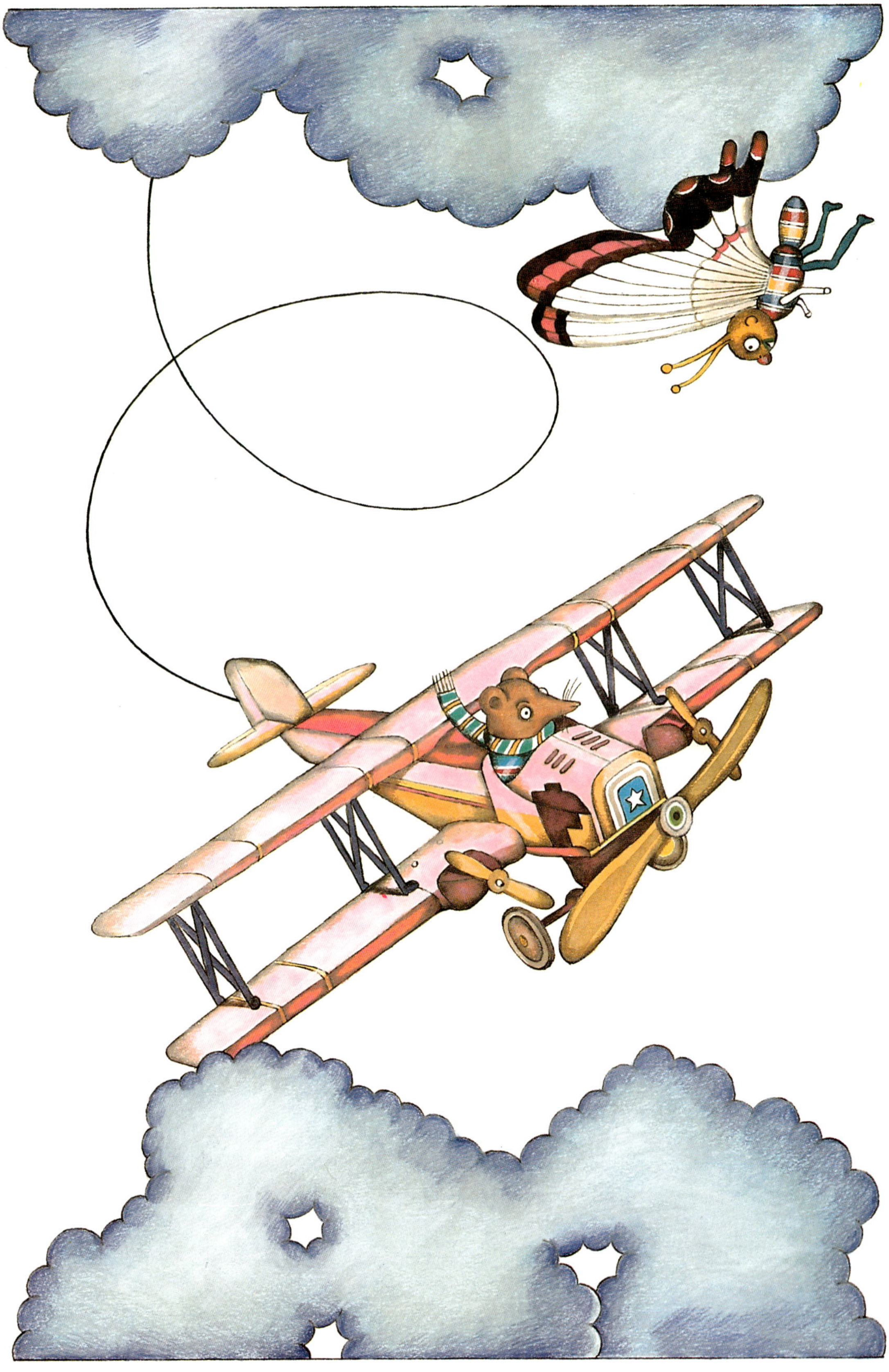

MARIO GRASSO'S DREHBILDERBUCH

DREHBILDERBUCH
MARIO GRASSO'S

BELTZ & Gelberg

*Im Loch verschwindet schnell die Maus
und kommt gleich oben wieder 'raus.*

© 1982 Beltz Verlag, Weinheim und Basel
Alle Rechte vorbehalten
Programm Beltz & Gelberg, Weinheim

*Eins-zwei-drei,
der Schmetterling ist frei.*

ICH LEGE EIER!

UND ICH VERSCHWINDE!

WIR KÖNNEN STARTEN!

ICH BIN BEREIT!

*Ein Mann am Regenschirm sich hält
und langsam auf die Erde fällt.*

*Ach, du kleine Tigerkatze,
wo ist deine schöne Tatze?*

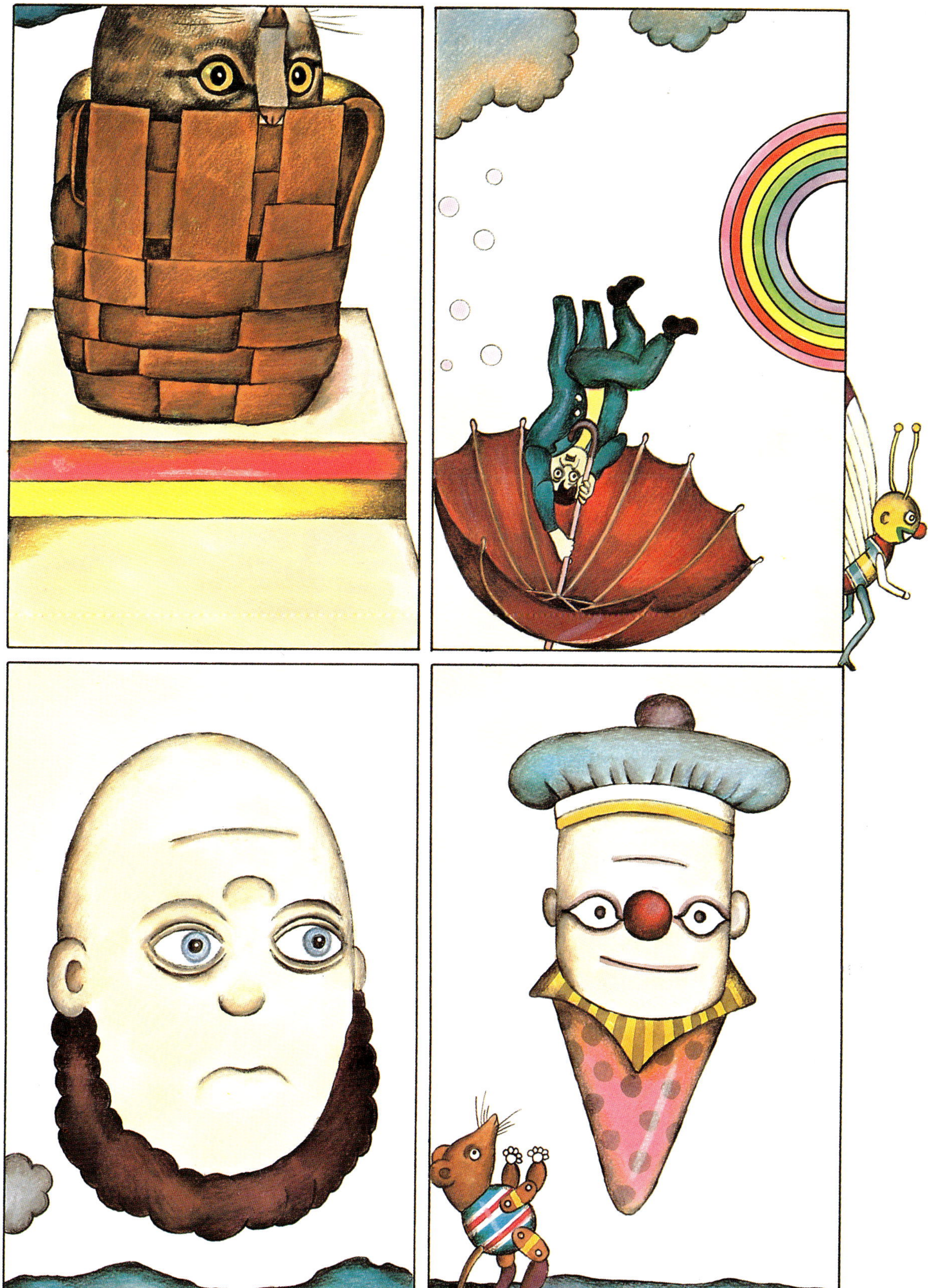

Der Kater findet 's fein
im Mittelpunkt zu sein.

Sieben Katzen! In wenigen Sekunden
sind Schmetterling und Hampelmaus verschwunden!

"Toll, alles dreht sich um mich!"

*Der Mann mit dem Turban spitzbübisch lacht,
dreht man das Bild, er eine saure Miene macht.*

*Der Schnurrbart des Chinesen Yang,
der ist ein Meter vierzig lang.*

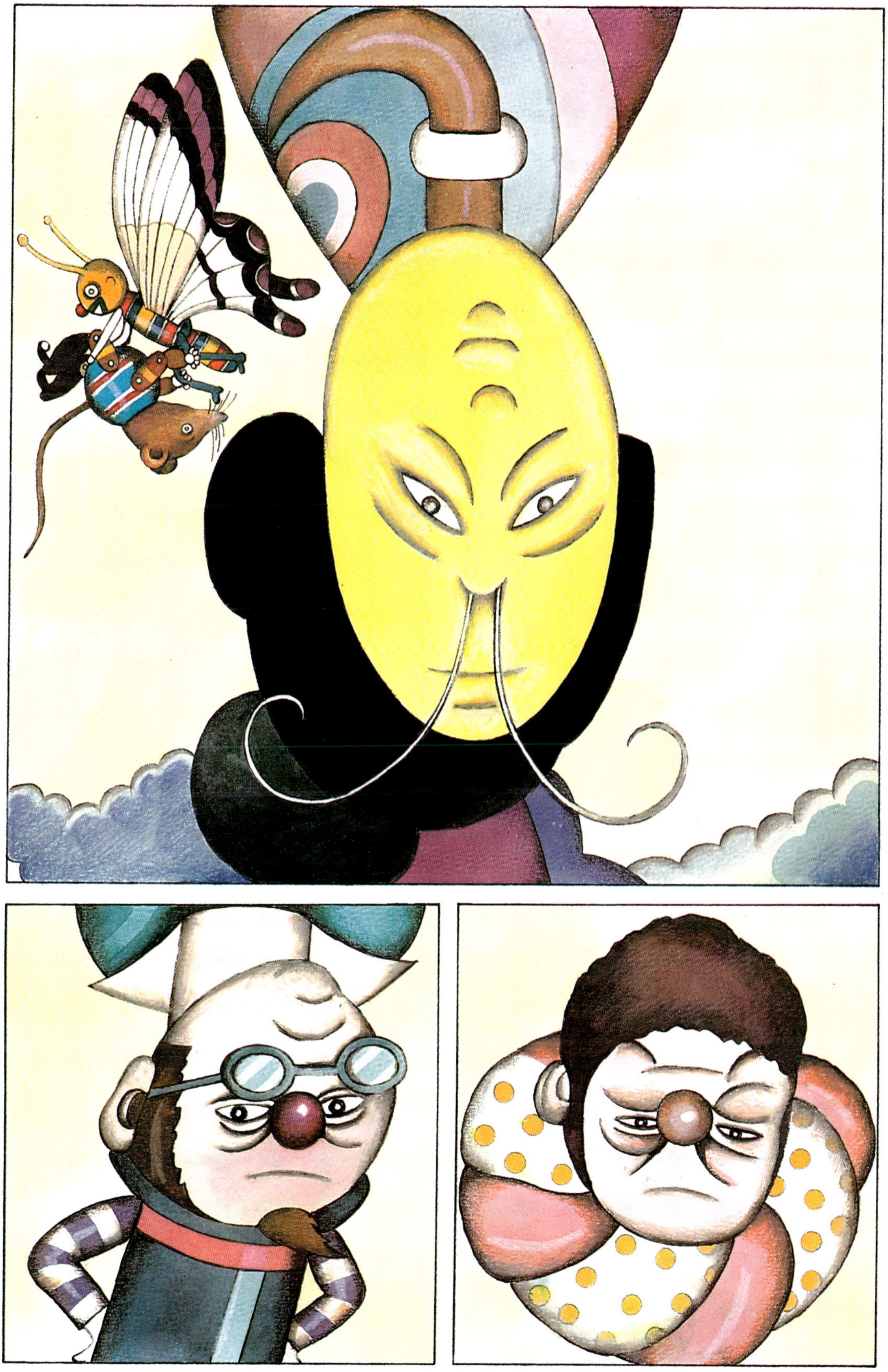

*Die Hampelmaus ist hinten, der Schmetterling ist vorn,
die zweite schlägt die Trommel, der erste bläst das Horn.*

*Es sagte einst ein Känguruh
in einer fremden Sprache: „Muh".*

NEIN, IHR SPIELT VERKEHRT!
IHR DA OBEN, IHR SPIELT VERKEHRT!
ICH SPIELE LEISE DIE LAUTE!
ICH SPIELE VOM BLATT!

*Der Schnee bedeckt das Gras,
es läuft und läuft die Nas.*

*Die Maus trägt eine Zipfelmütze,
damit sie ihr die Ohren schütze.*

DIE NASE LÄUFT UND LÄUFT

Der Zauberer, der zaubert gut,
er hat ja einen Zauberhut.

Der Mann trägt um den Hals 'ne Krause,
die trägt er draußen und zu Hause.

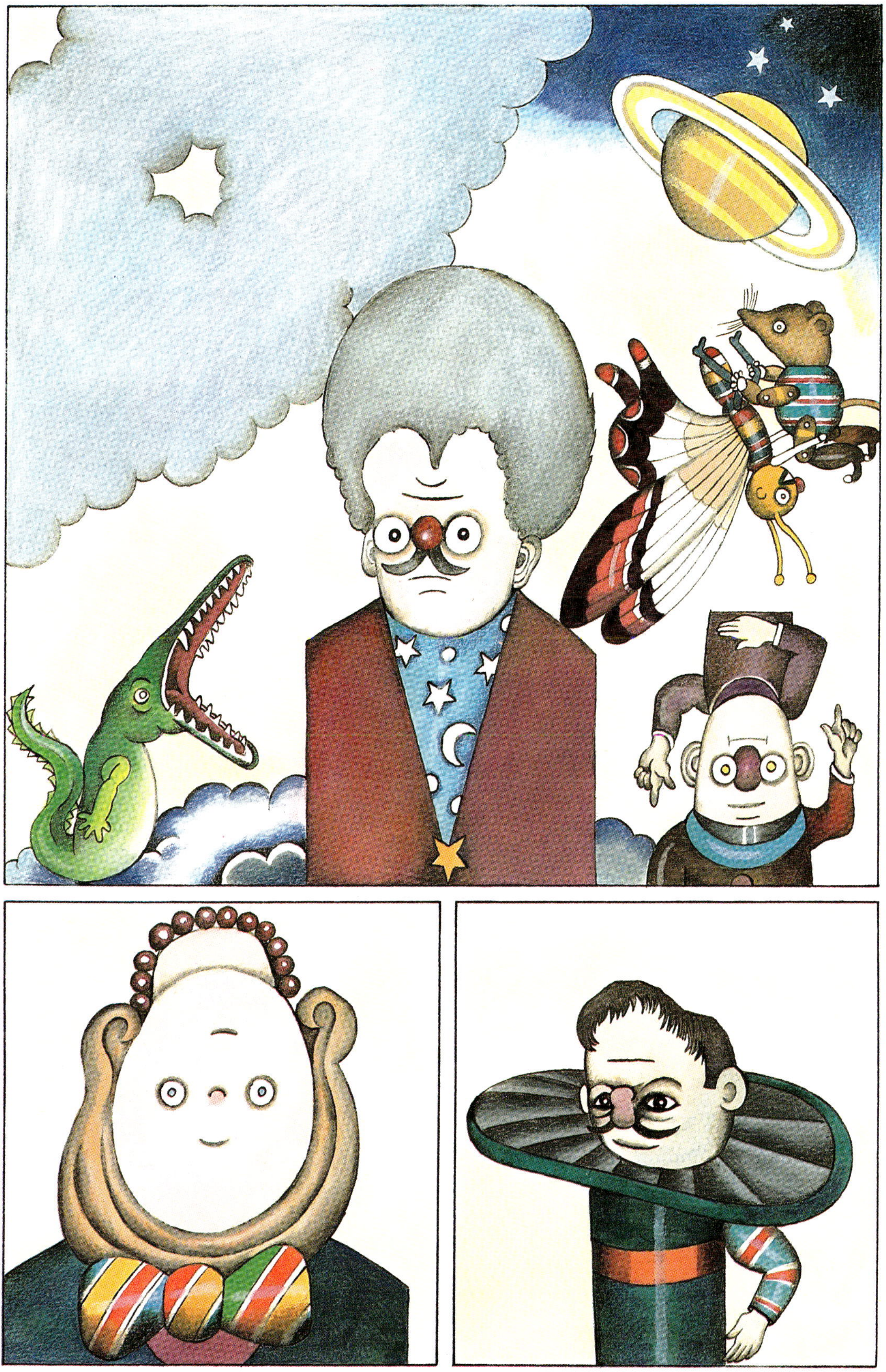

Der Zirkus kommt, Manege frei!
Der Schmetterling ist auch dabei!

Der schönste Clown mit Abstand
im Handstand und im Fußstand!

CLOWN IM FUSS-STAND

DER ZIRKUS

CLOWN IM HANDSTAND

*Damit man ihn nicht gleich entdeckt,
hat sich der Papagei versteckt.*

*Der Vogel wetzt den Schnabel
auf eines Astes Gabel.*

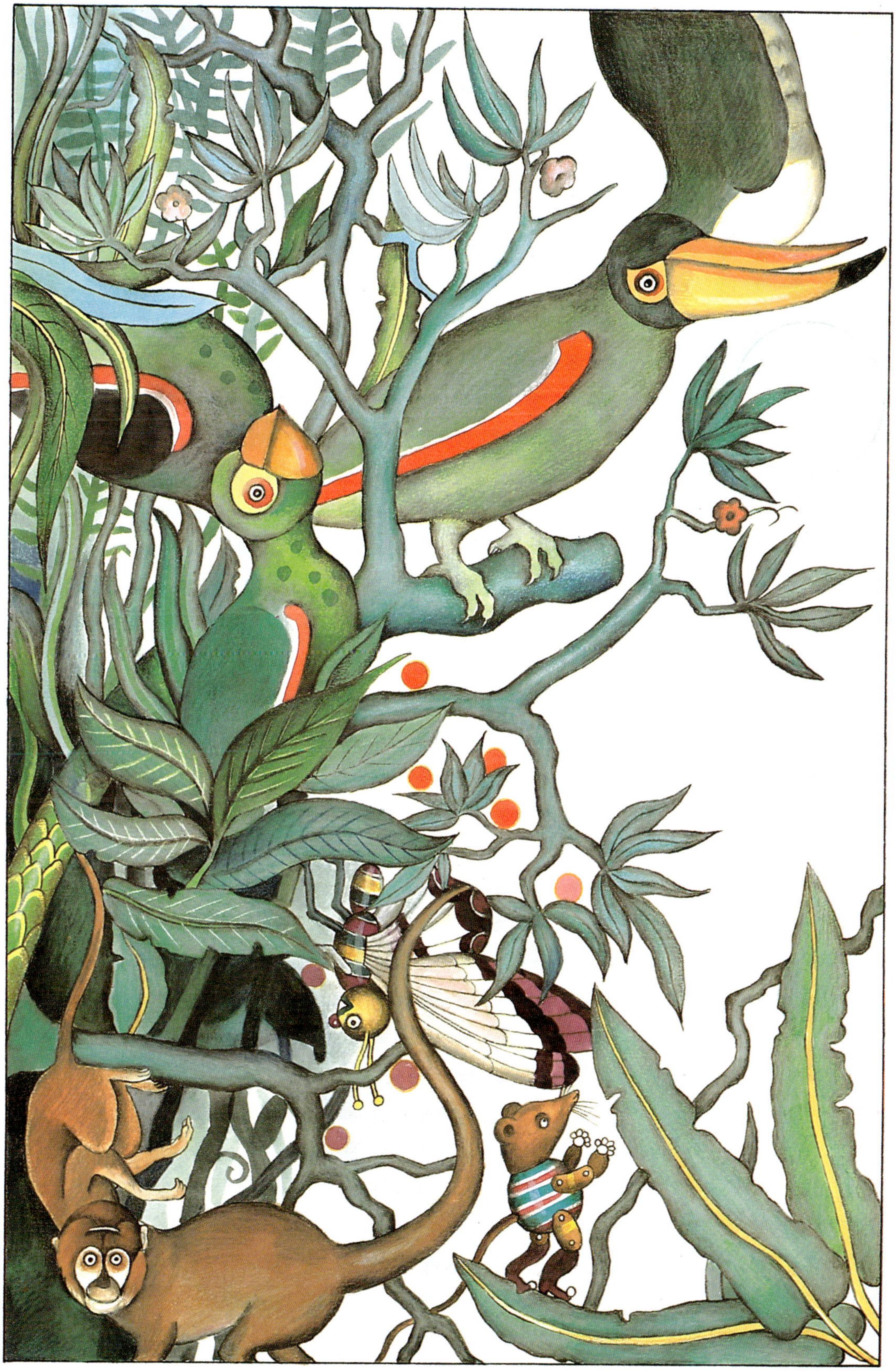

Der Esel hat der Beine vier.
Der Esel ist kein dummes Tier!

Sieh dies Bild, die Maus liegt in der Ecke.
Dreh dies Bild, die Maus klebt an der Decke.

DU SAGST ES!

ICH ESEL!

Eine Rakete fliegt zum Mond,
man fragt sich, ob sich das wohl lohnt.

Der Roboter namens Walter,
ach, mein Gott, ist der ein kalter.

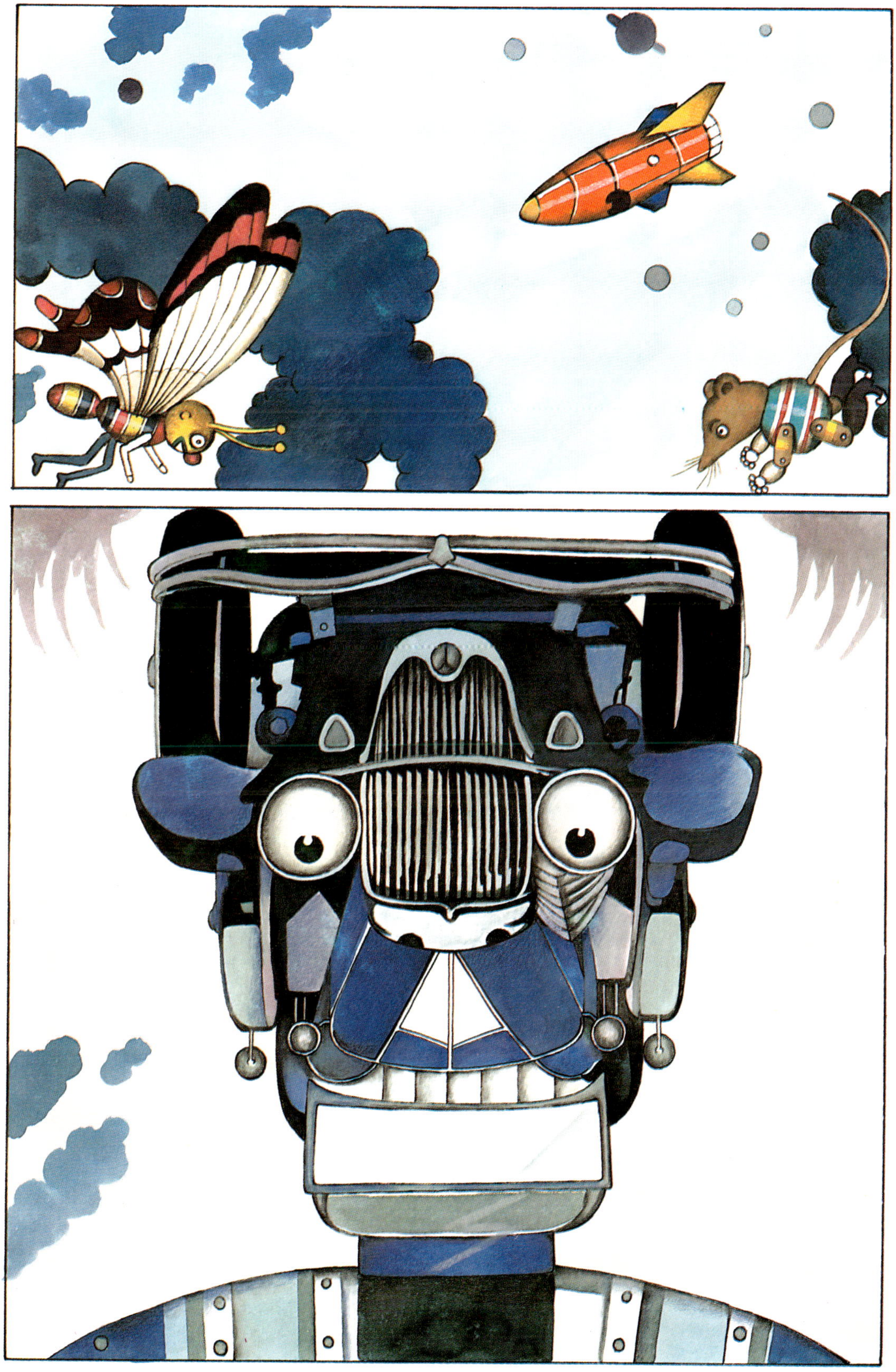

Anstatt Napoleon zu grüßen,
zappelt der Affe mit den Füßen.

Ein Schiffchen schaukelt auf dem Meer
mit einem Männlein hin und her.

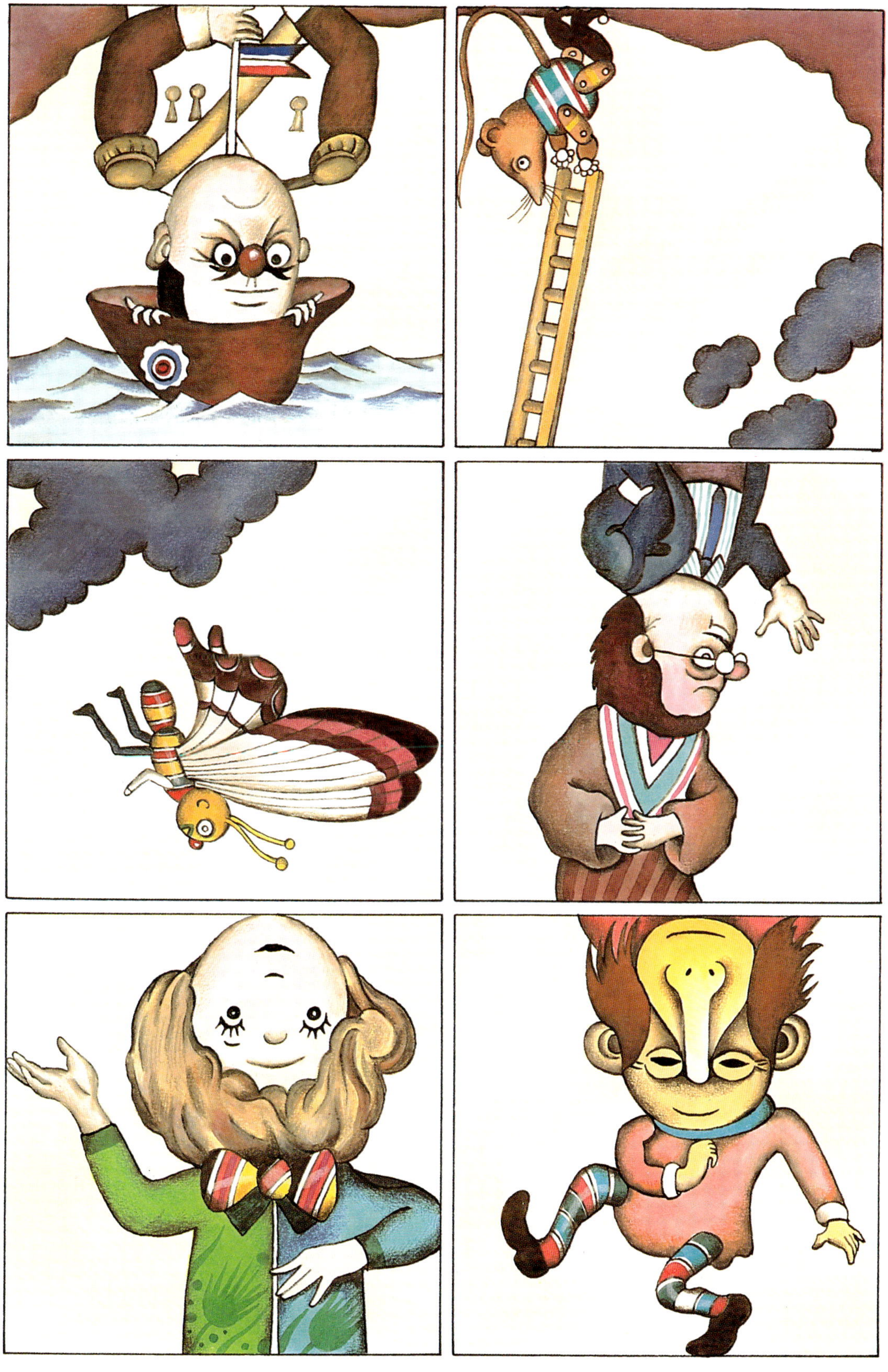

Der Hasemann, der Hasemann,
der hat einen Zylinder an.

Ein Hase sagt: „Wir frieren, es ist gut,
daß wir jetzt dicht beisammen sind im Hut."

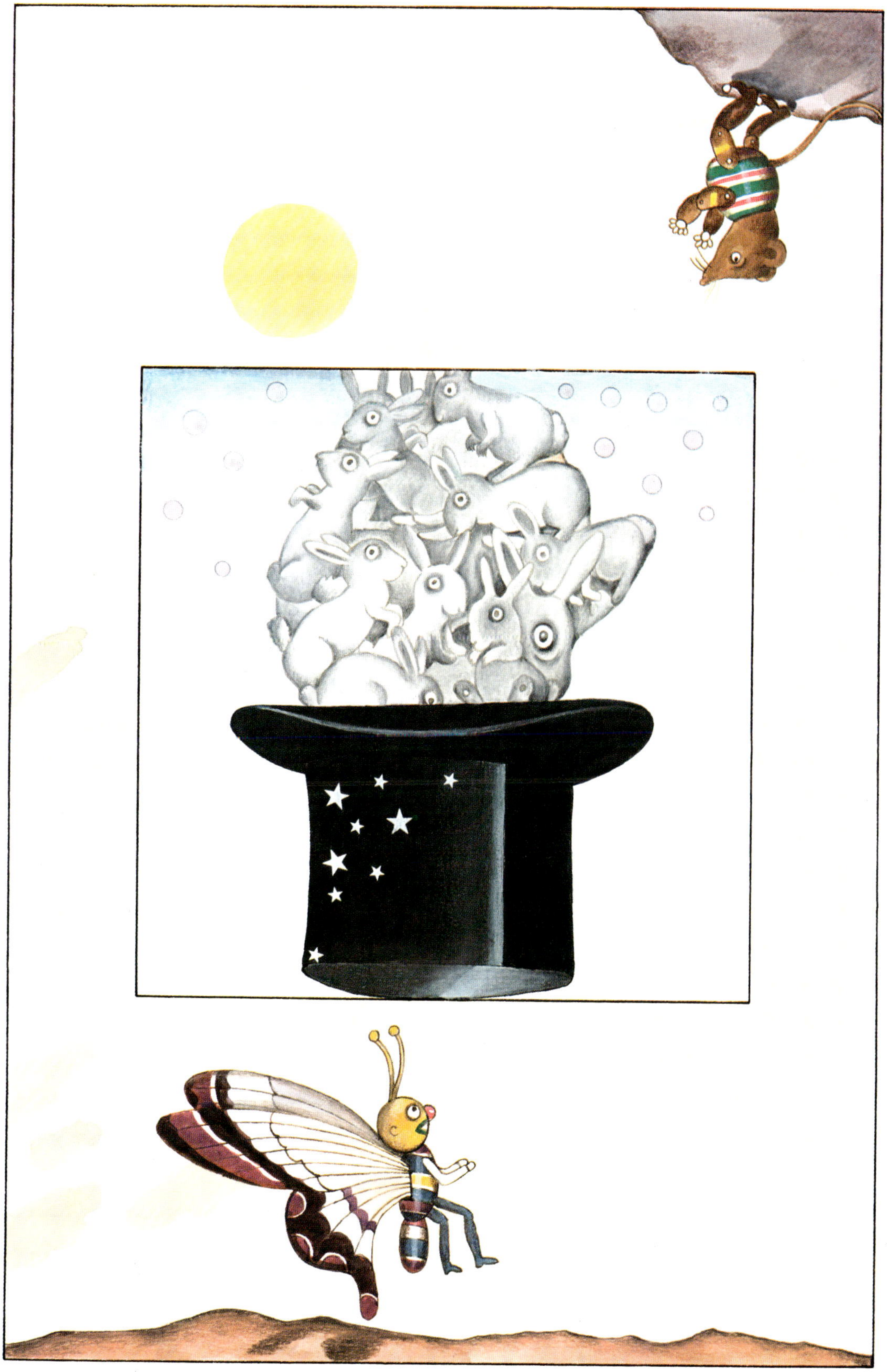

*Die Maus ist mitten in der Nacht
vom Lärm des Donners aufgewacht.*

*Hoch steigt ein Frosch, ein netter,
schon ändert sich das Wetter.*

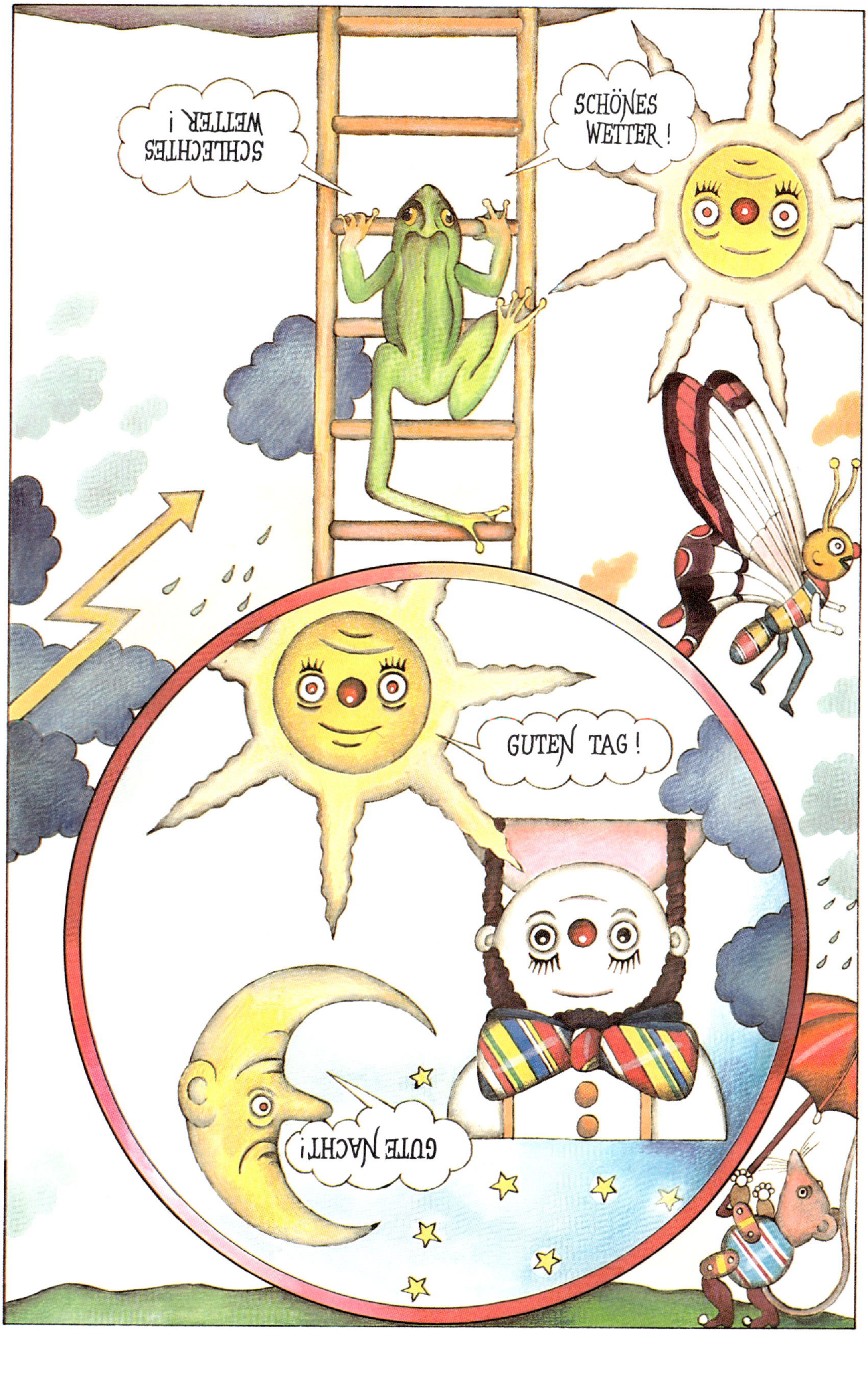
SCHLECHTES WETTER !
SCHÖNES WETTER !
GUTEN TAG !
GUTE NACHT!

Der König regiert das Land
ohne Körper und Verstand.

„Mein Bild steht kopf!"
behauptet die Hampelmaus und macht sich wichtig.
„Mein Bild steht kopf!"
behauptet der Schmetterling.
Welche Behauptung ist jetzt richtig?

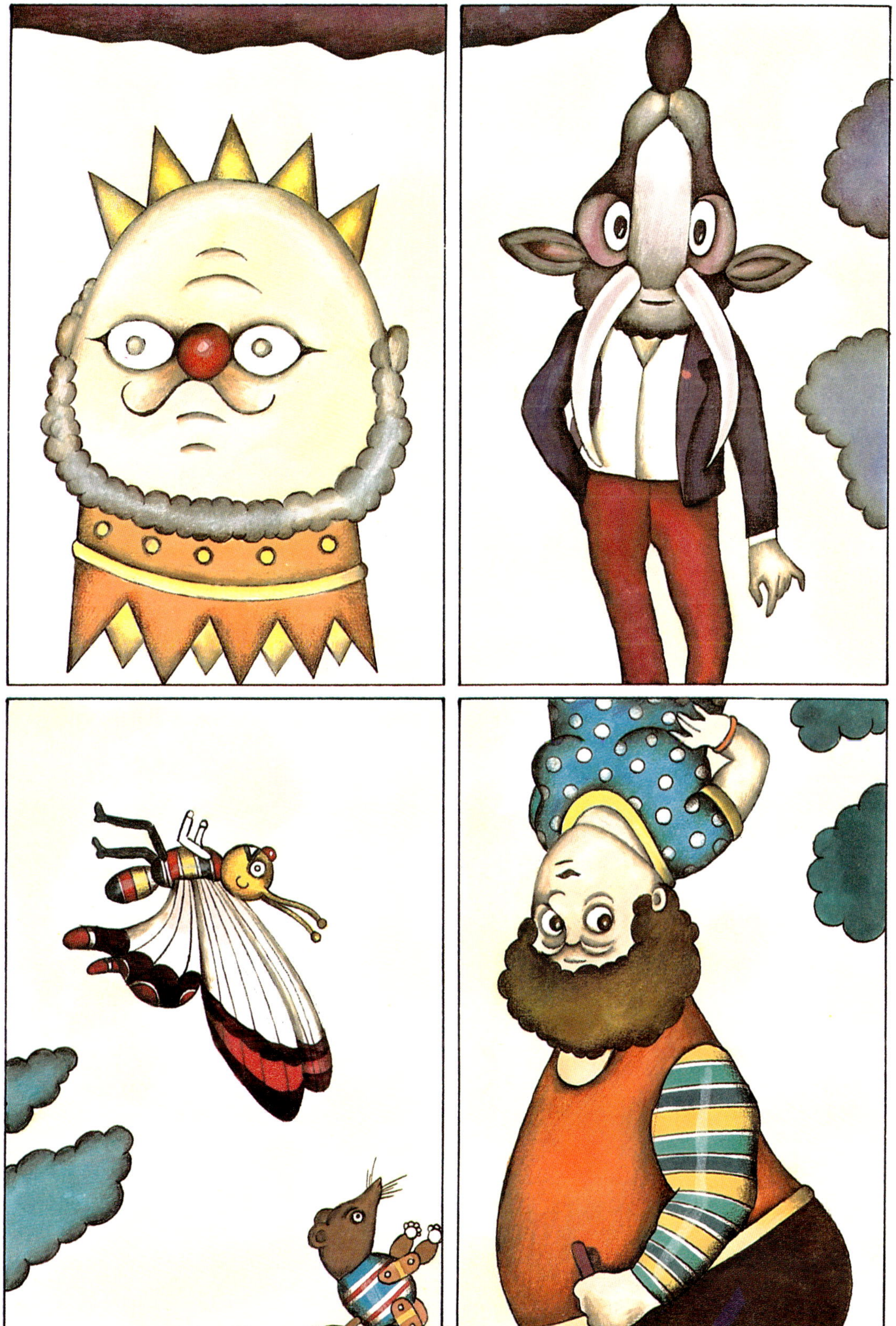

*Jawohl, es stimmt also doch,
Hunger hat der beste Koch.*

*Der Mann kann nicht schlafen, kann nicht ruhn,
denn er hat vier Hände voll zu tun.*

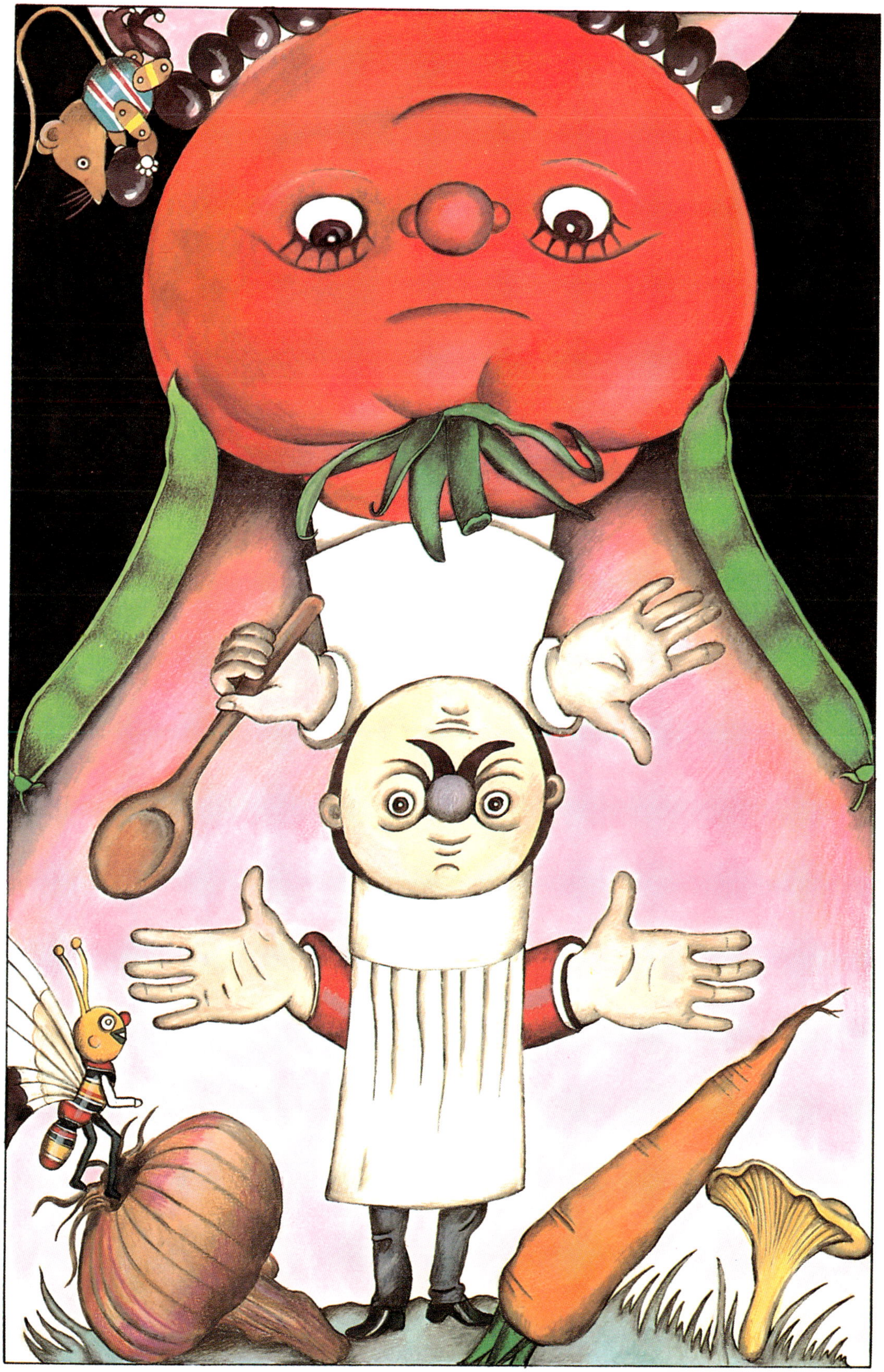

*Der Mond zeigt (damit man's nicht vergißt),
wo oben und wo unten ist.*

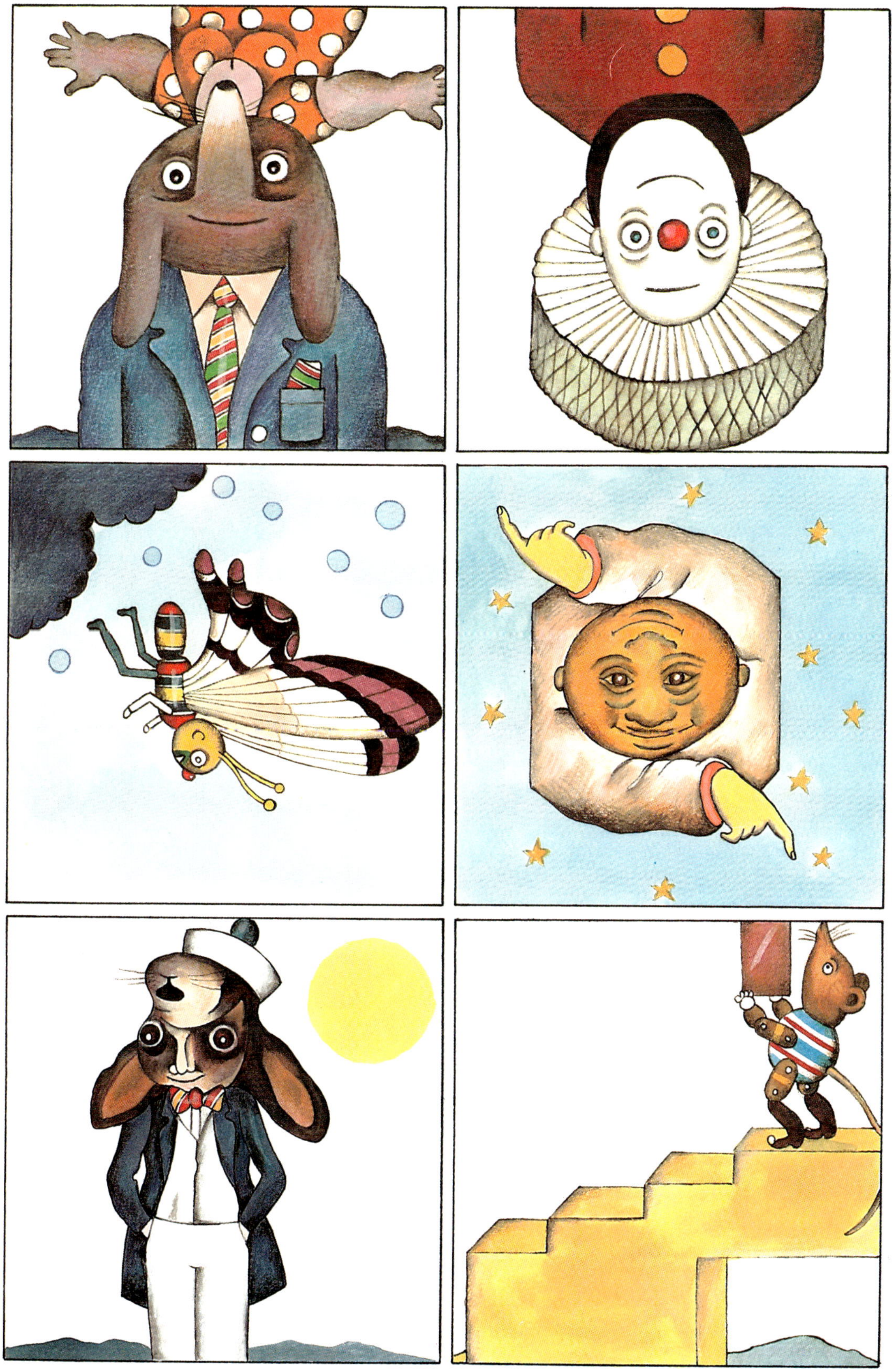

Dreh mal das Buch im Kreise,
die Maus geht auf die Reise.

Der Hampelmaus vergeht der Schnauf,
denn, ach, die Reis' hört nimmer auf.

DIE RUNDREISE

*Eine Oma fliegt von Roma
nach Osnabrück – und zurück.*

*Ja, die Hampelmaus fliegt schneller
als das Flugzeug samt Propeller.*

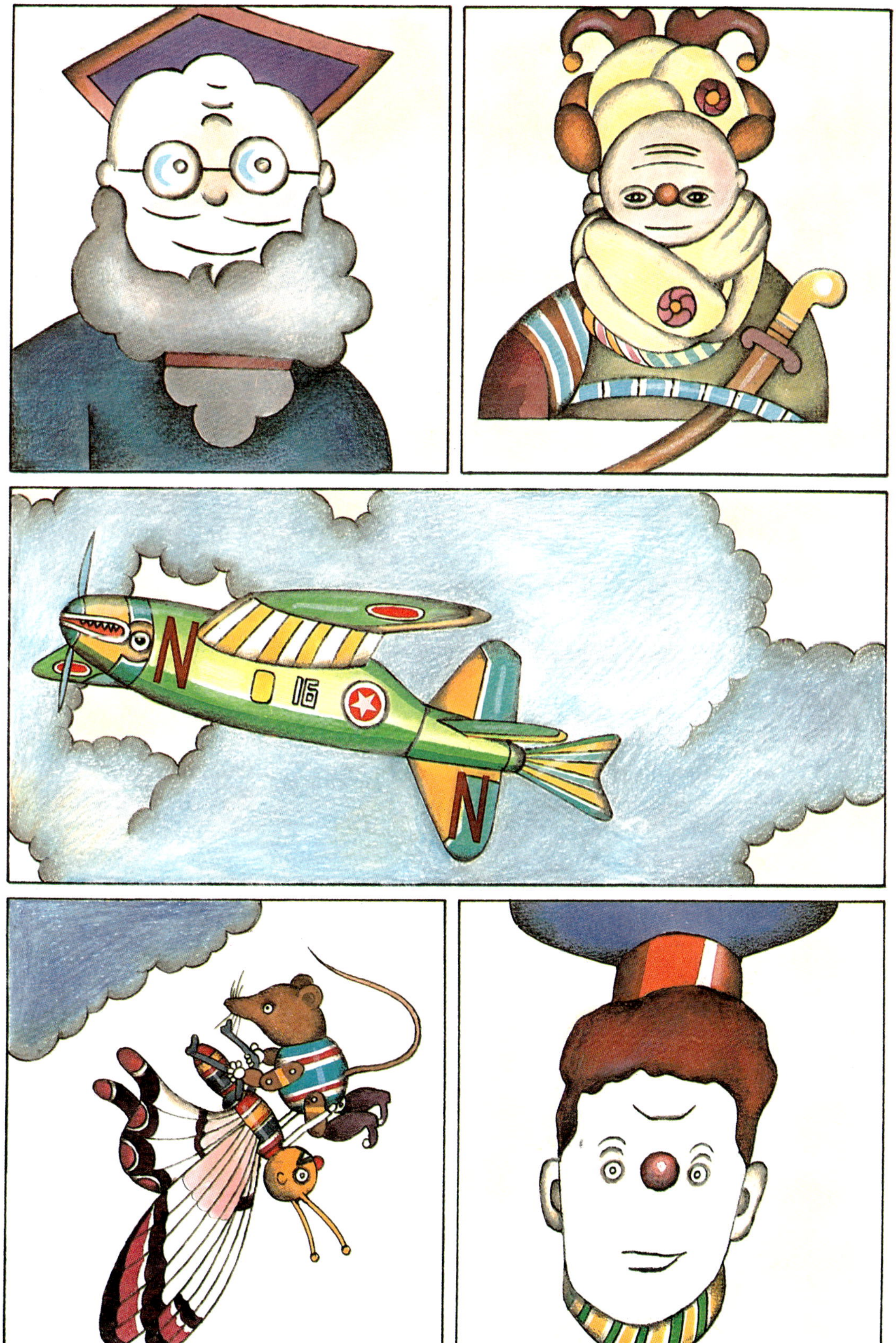
N
16
N

Die Hampelmaus ein Rentier sieht,
das leise durch die Büsche zieht.

Oben ist unten und unten ist oben,
man soll den Tag nicht vor dem Abend loben!

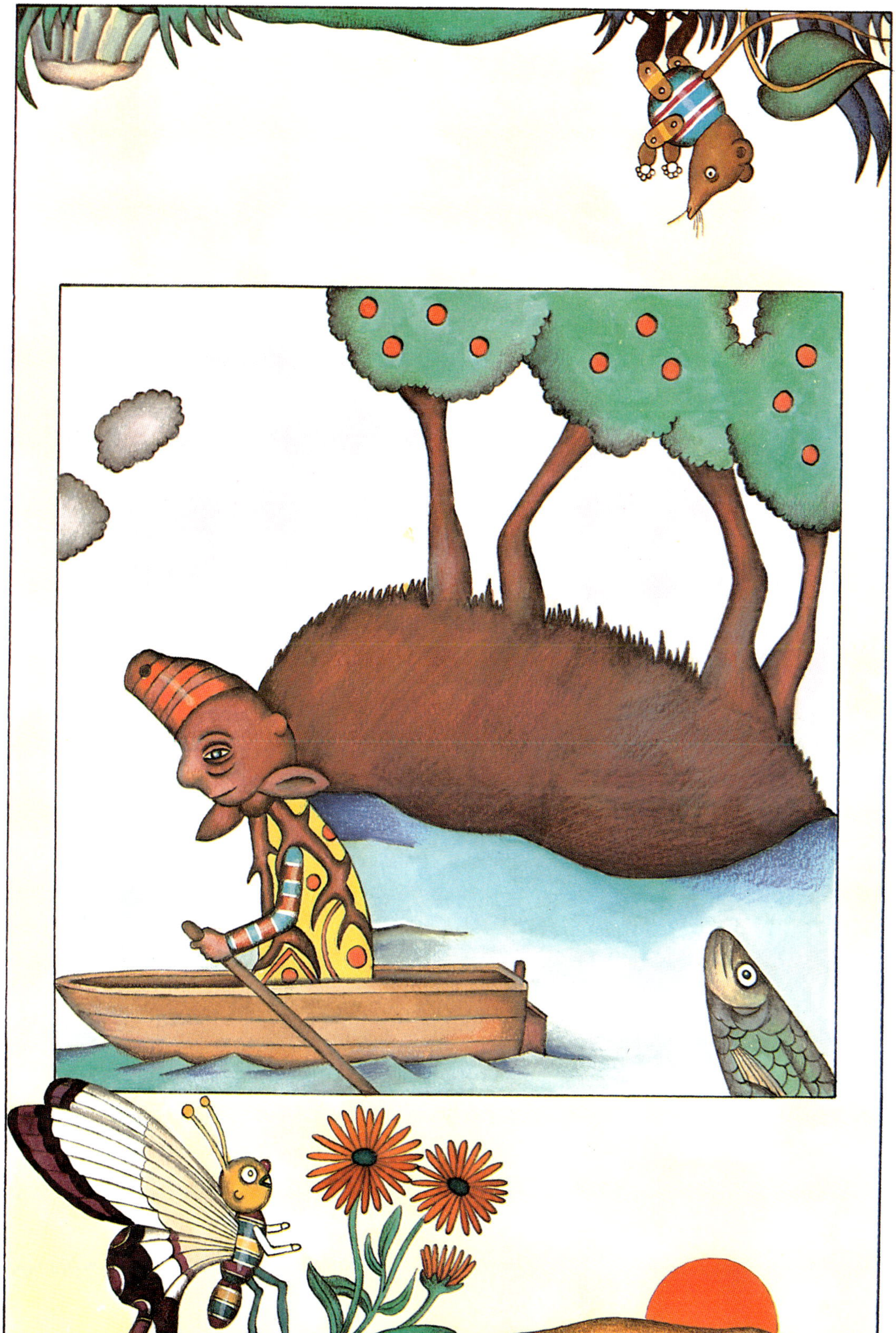

Der Schmetterling hat gleich erkannt:
„Der Affe ist ein Musikant!"

Weil Musik viel Freude bringt,
der Affe täglich zehnmal singt.

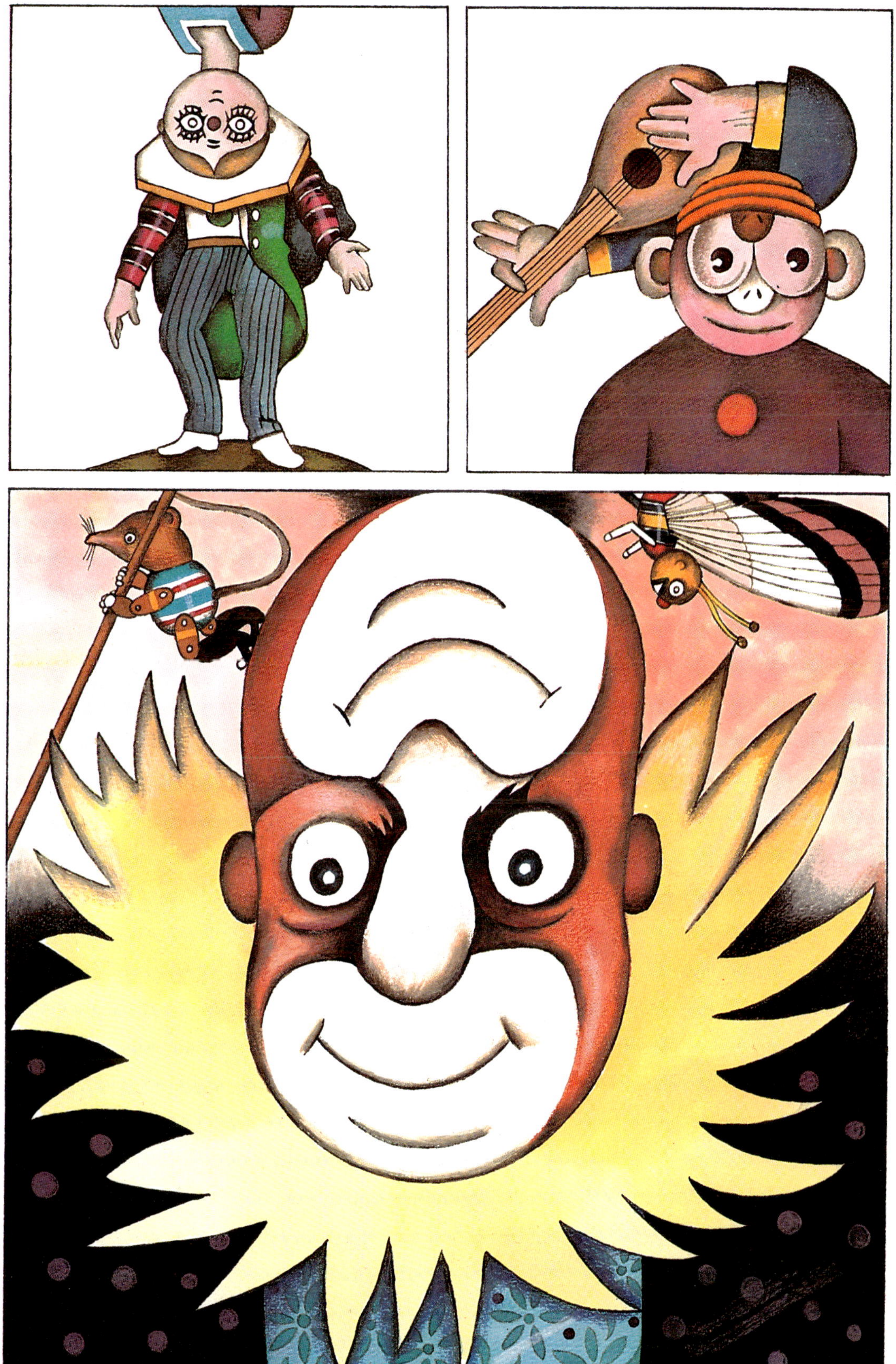

*Der Waschbär wäscht sich jeden Tag,
darum die Maus den Waschbär mag.*

*Der Wanderer, der geht zu Fuß,
er sagt euch einen lieben Gruß.*

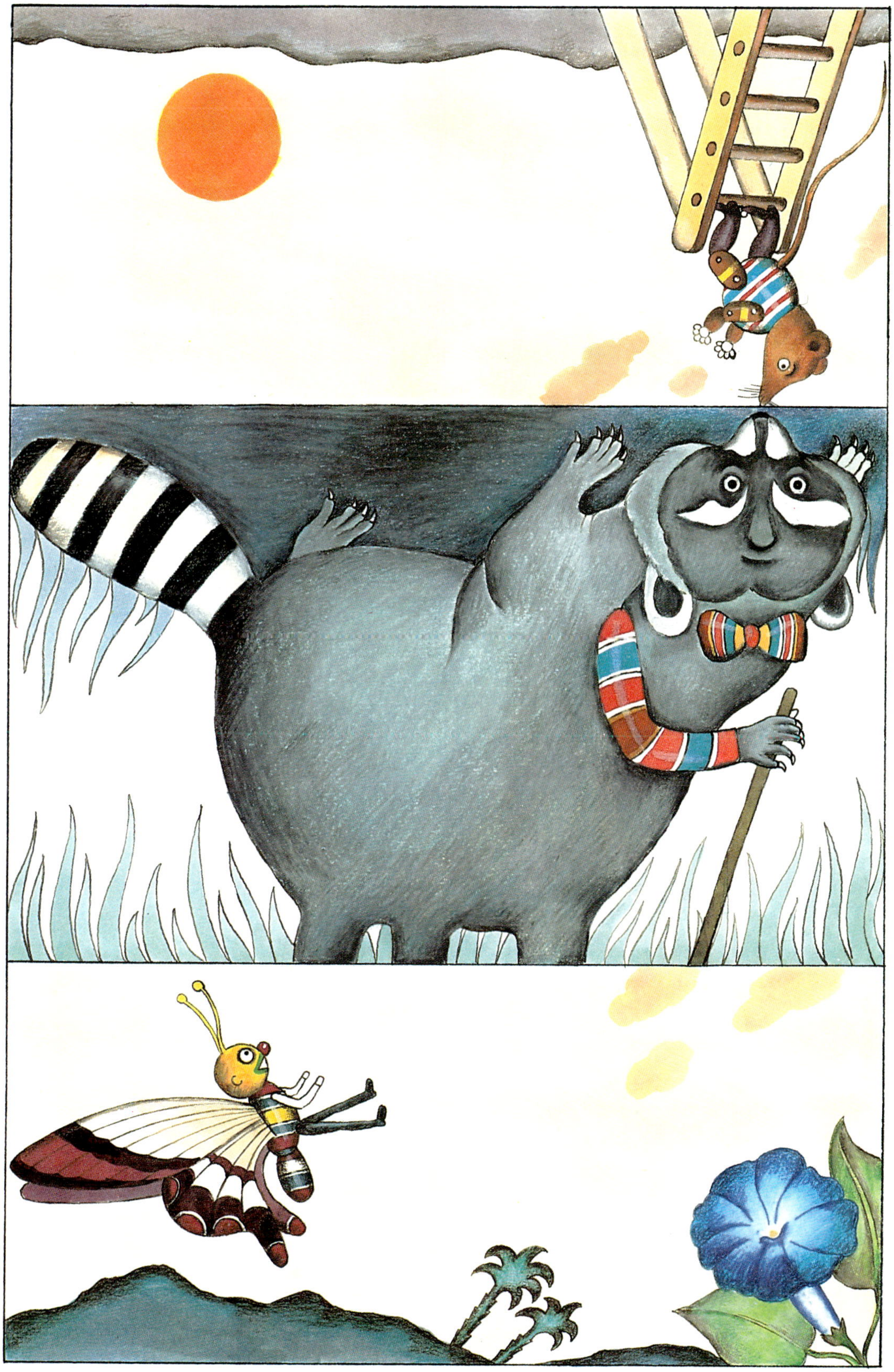

*Die Maus sieht in der Ferne
Eule, Mond und Sterne.*

*Weil oft der Narr die Wahrheit spricht,
gefällt er vielen Leuten nicht.*

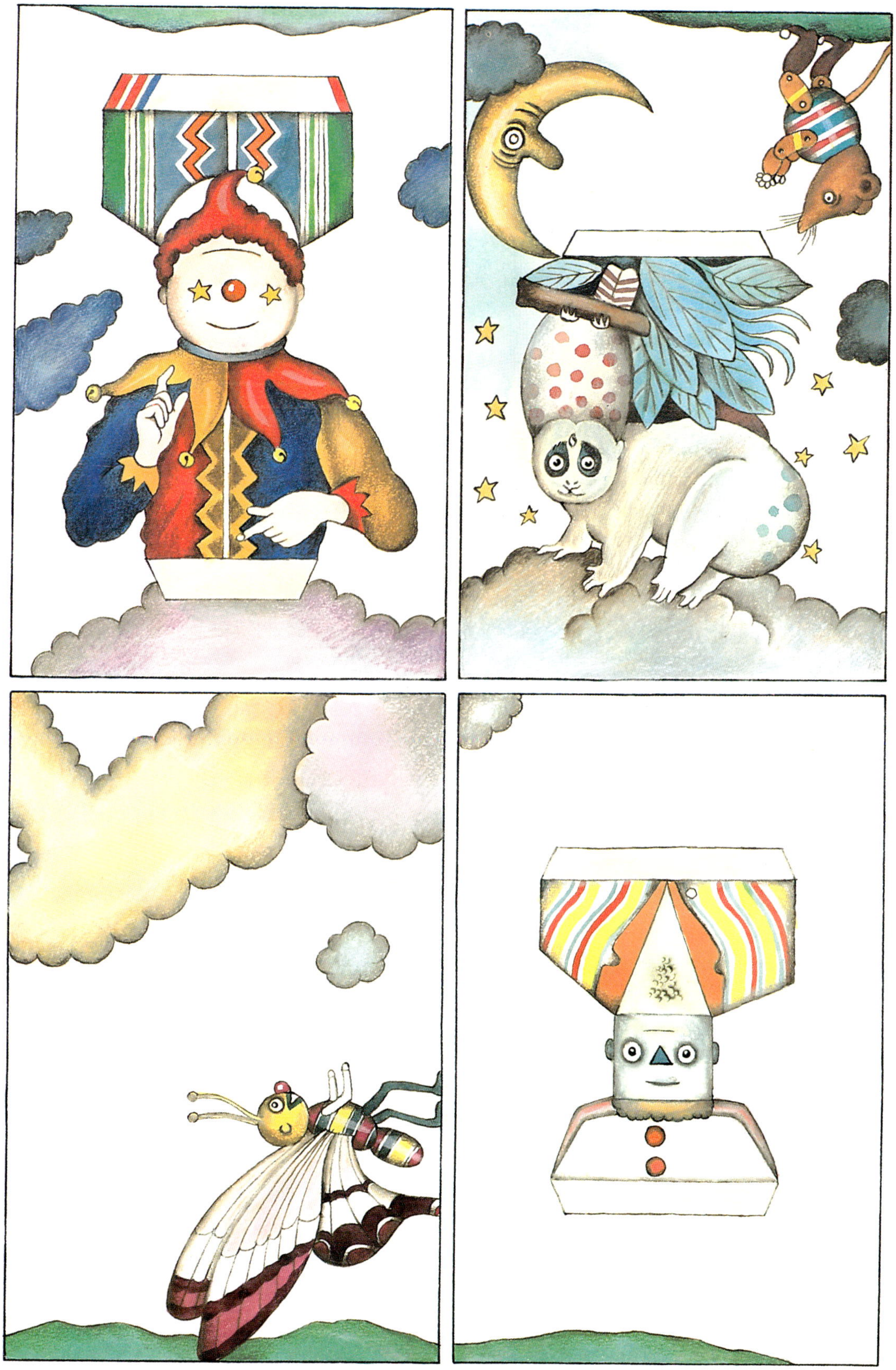

*Die Uhr-Großmutter tanzt mit Schwung,
denn Tanzen, das erhält jung.*

*Die Uhr-Großmutter tanzt beschwingt,
derweil ihr Mann nach Atem ringt.*

EIN TANZ IM FLOTTEN 4/4 TAKT
UHRGROSSVATER UND UHRGROSSMUTTER TANZEN ROCK'N'ROLL —
WO HABE ICH BLOSS MEINE UHR VERLEGT?

*Die Maus auf einer Treppe steht
und wie verrückt die Drehbank dreht.*

*Der Elefant dreht sich seit Stunden,
zum Glück hat er sich angebunden.*

DIE
DREHBANK

*Der warme Wind bläst Wüstensand,
der Abend kommt ins Morgenland.*

*Schön ist es, auf der faulen Haut zu liegen
und mit 'nem Teppich durch die Luft zu fliegen.*

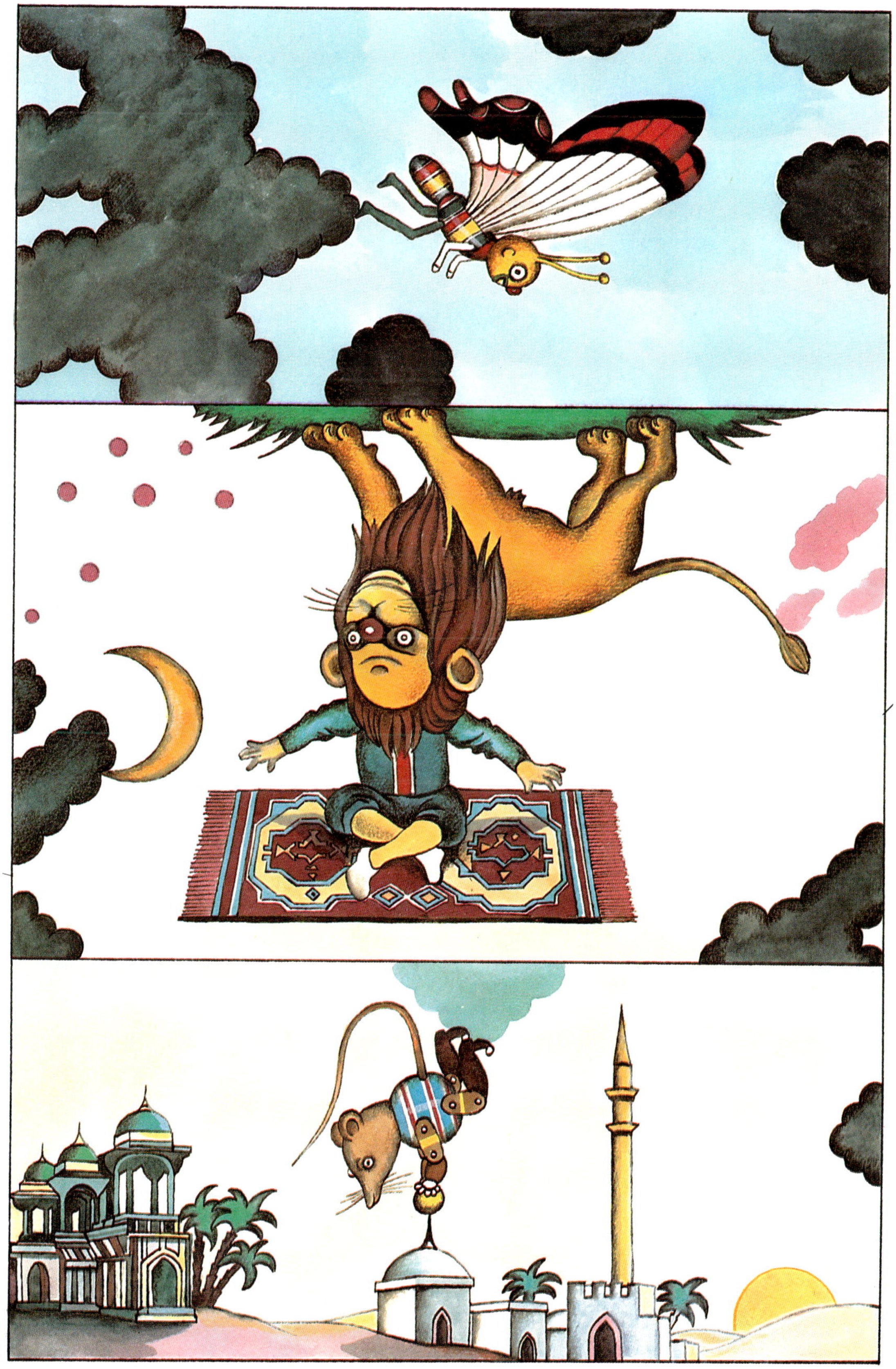

*Die Eule hier ist nicht verwandt,
mit dem galanten Elefant.*

*Das Walroß stolz die Zähne zeigt,
der Schnurrbartmann zur Rauchsucht neigt.*

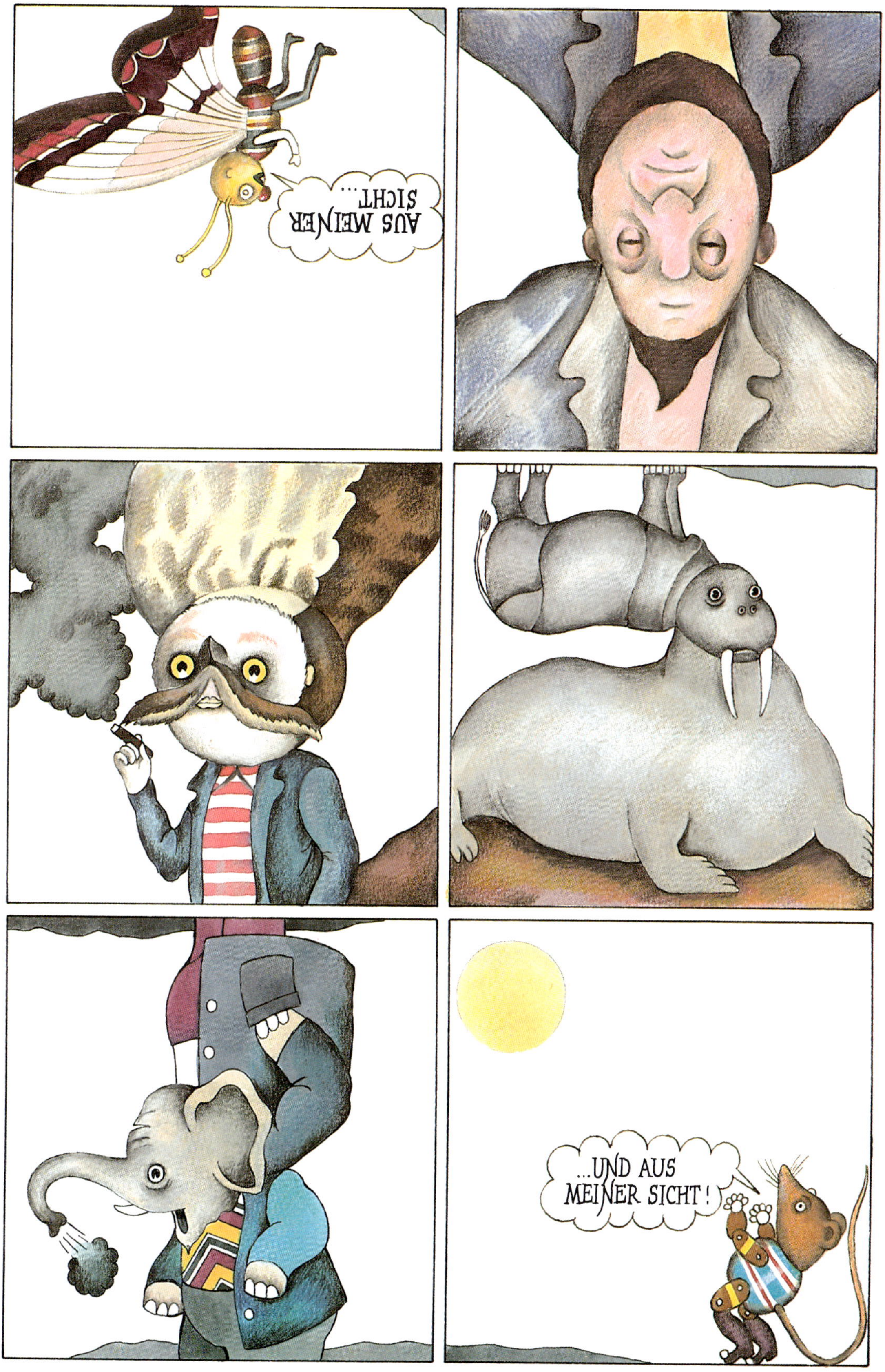
AUS MEINER SICHT...
...UND AUS MEINER SICHT!

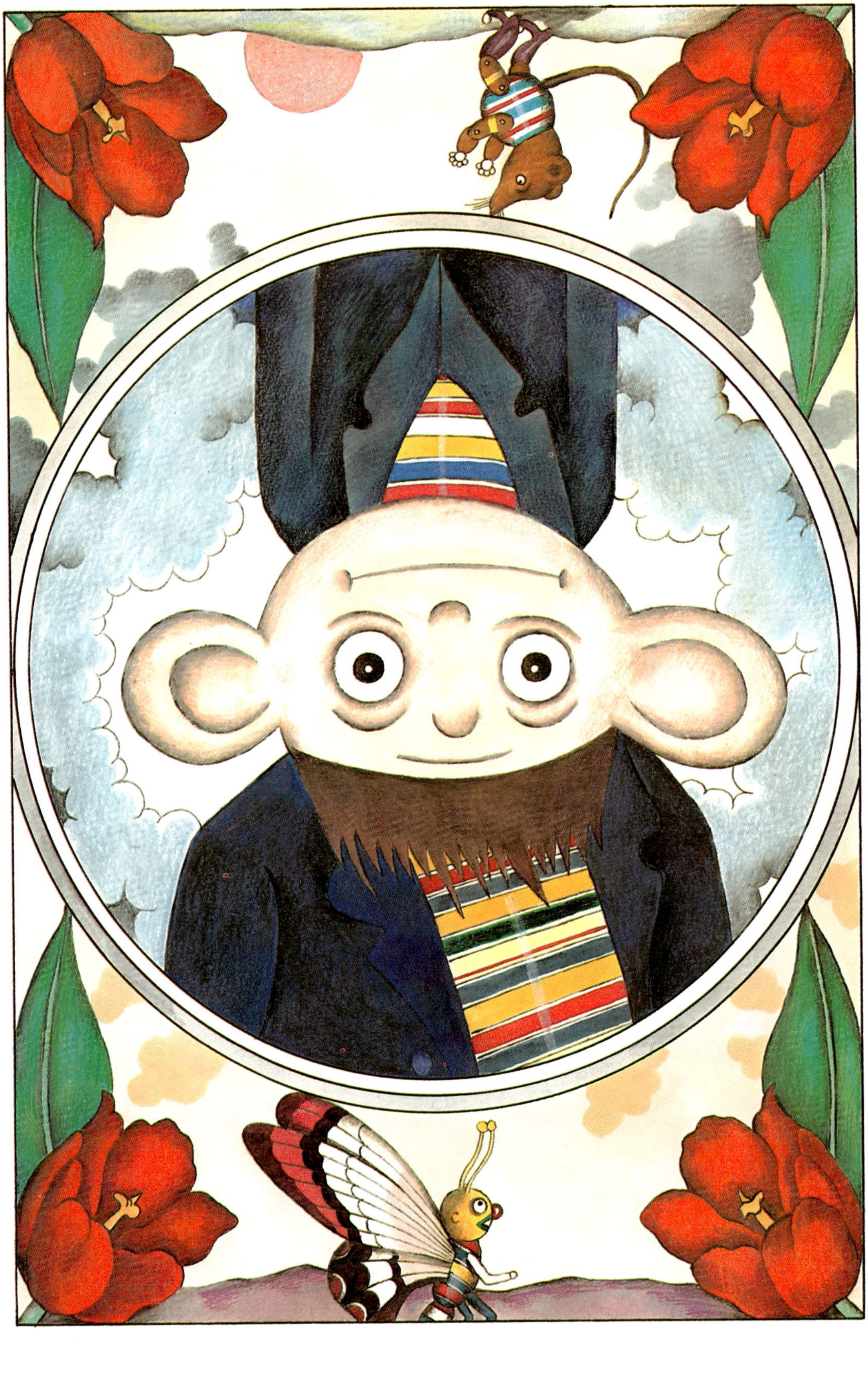

*Die Maus tritt eine Reise an,
damit sie was erzählen kann.*

© 1982 Beltz Verlag, Weinheim und Basel
Alle Rechte vorbehalten
Programm Beltz & Gelberg, Weinheim

*Der Schmetterling fliegt in der Luft,
er ist berauscht vom Blumenduft.*

BELTZ & Gelberg

MARIO GRASSO'S
DREHBILDERBUCH

DREHBILDERBUCH
MARIO GRASSO'S

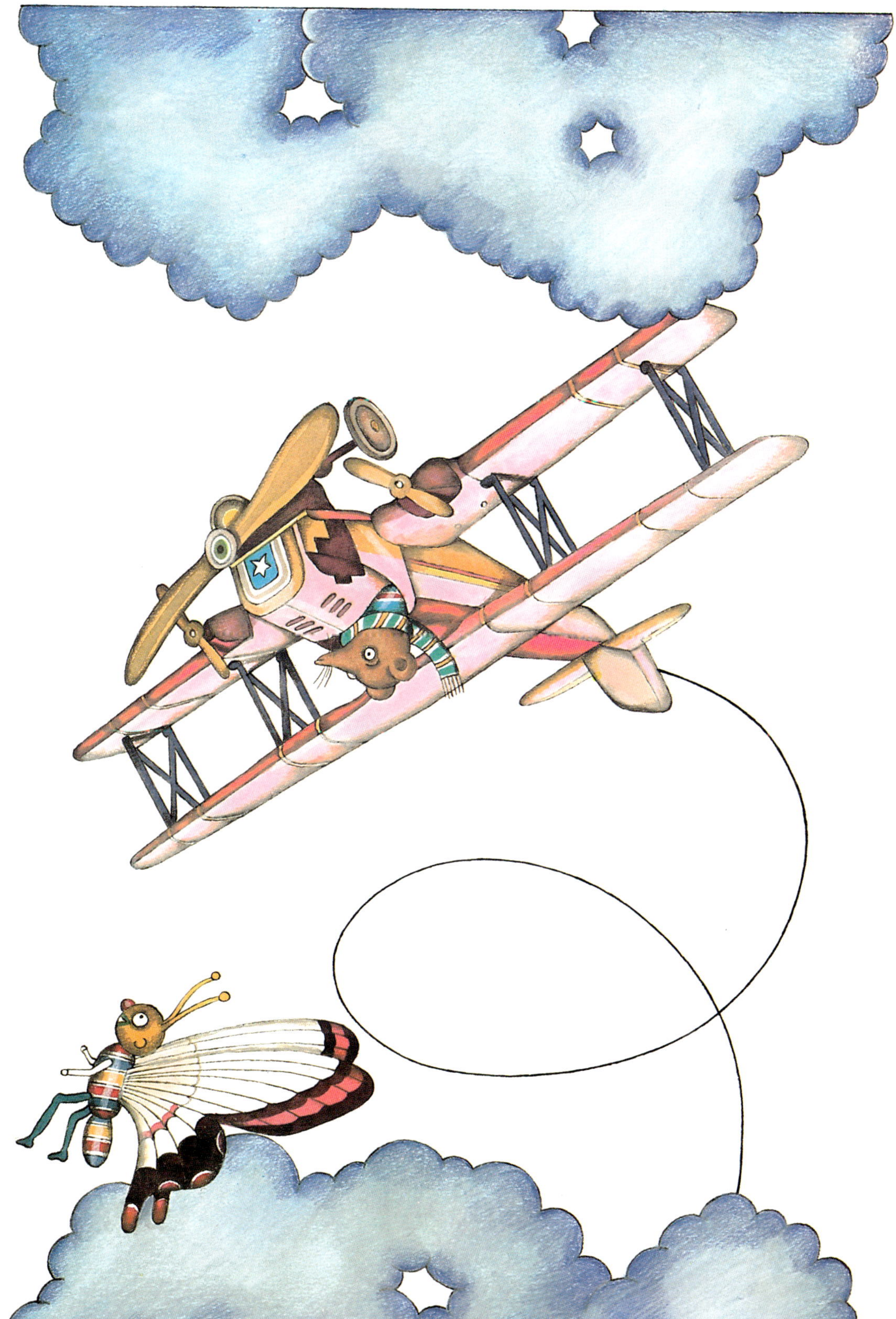

Schmetterling und Hampelmaus
ziehen in die Welt hinaus.

*Schmetterling und Hampelmaus
zogen in die Welt hinaus.*

Ein einfallsreiches Bilderbuch voller Spiel und lustvollem Umgang mit komischen Bildeffekten: Auf 124 Spiel-Seiten tummeln sich, meist durch mehrere Bildfenster unterteilt oder in einem Kreis angeordnet, eine Unzahl von seltsamen Figuren, Clowns, Elefanten, Vögeln, Gesichtern oder allerlei frei erfundenen Wesen: über 150 Figuren! Da hat ein jeder allerhand zu tun, bis er so eine einzelne Tafel mit all seinen Figuren betrachtet hat. Damit aber noch nicht genug: Wenn man die Seite (oder auch das ganze Buch) dreht – entsteht ein völlig neues Bild. Alle Figuren verändern sich, aus einem Katzenkopf wird ein Mann mit Hut, aus einem Auto ein Roboter namens Walter ... Das alles läßt sich in seiner Vielzahl nicht beschreiben. Es sind Bilder voller Komik. Den Sinn und Unsinn dieses Bilderbuches sollen die Kinder selbst entdecken und genießen.

ISBN 3 407 80261 7

VORNAME _ _ _ _ _ _ _ _

_ _ _ _ _ _ _ _ _ NAME